style your daily life with cooking

TASTY
BALANCED
COOKING

KIM MIN SUNG

앤톨

'일상을 요리와 함께 스타일링하는 푸드스타일리스트 김민성입니다'

오늘은 뭐 먹지?
6살 꼬마였을 때부터 눈뜨자마자 이런 생각을 하며 하루를 시작했던
맛있는 걸 먹는 일이 세상에서 가장 행복했던
참 단순했던 아이.
유년의 시기 여름방학과 겨울방학마다 사촌들과 부산 외가에서 지냈던 시절은
13명의 손주를 위해 할머니께서 구워주시던 김구이와
매일이 잔칫상 같았던 음식들
먹 냄새가 가득했던 할아버지의 방 문갑에서 각각의 손주들에게
하나씩 몰래 과자봉지를 꺼내주시며
꼬부랑 할머니 노래를 불러주셨던 할아버지
엄마의 일상식은 평범했지만 손님 초대가 많았던
우리 집의 80년대는 십장생 그릇 세트에 담겨 있던 화려한 음식들까지
유년의 맛은 풍요로운 추억의 맛이었죠.

이런 유년의 맛에 대한 따뜻한 추억과 경험은
늘 제 마음 한편에 자리 잡아 있었어요.
먹는다는 건
몸을 채우기도 하지만 추억을 일깨우며 마음의 위로가 되기도 하니까요.

결혼 후 가족들과 친구들을 초대하면서
대부분의 관심사가 반짝였다가 시들해지는 것에 반해
요리는 잠을 설쳐가면서까지 준비하는데도
즐거워하는 저 자신을 보게 되었어요.

특히 일상식보다는 누군가를 초대해서
플레이팅하는 기쁨을 느끼게 되었고
외국 서적과 요리 전문 프로그램을 보면서 스타일링 감각을 키워나갔어요.
그리고 문화센터에 문을 두드려 강의하게 되었고 잡지에 투고하고
밀라노 요리학교를 수료하고 요리를 향한 열정으로 가득 채워나갔죠.

우리 모두는 자신만의 것으로 표현하는 욕구가 있다고 생각해요.
누군가는 노래로
누군가는 음악으로
누군가는 그림으로
누군가는 글로
각자의 재능으로 스스로 표현하는 삶을 살아가고 싶어 하죠.
저에게 그것은 요리였고 저를 표현하는 도구가 되었어요.
어떻게 요리하는가가 아닌 왜 요리하는가에 중점을 두고
지루할 수 있는 일상에 취향을 표현하는 도구인 요리를 통한
생활의 변주가 재미와 의미를 느끼게 하거든요.
그 의미를 통해
'일상을 요리와 함께 스타일링하는 푸드스타일리스트 김민성입니다'로
스스로를 소개할 수 있게 되었죠.
20여년간 손님 초대 테이블세팅과 요리강의를 하면서
맛과 보이는 것에만 집중해 왔던 저에게
전환점의 순간이 찾아왔어요.
어느 순간 제 몸의 균형이 조금씩 어긋나기 시작하면서
건강검진 결과에서도 이상 신호가 나타났어요.
수술을 하게 되면서 그간의 저의 생활을 들여다보게 되었어요.
요리를 해오면서도 몸을 챙기지 못했던 모순적인 상황이었죠.

3

그리고 주변을 둘러보게 되었어요.
우리는 좀 더 나은 삶을 살고자 분초 사회에서 열심히 활동하는데
제 주변의 지인들은
정작 몸을 챙기지 못하는 사람들이 너무 많다는 걸 알게 됐어요.
몸을 챙기는 일을 들여다보면서 단순히 잘 먹고 건강한 음식만을 챙긴다고 해서
삶의 균형이 만들어지는 건 아니었어요.

남향의 창문을 통해 비치는 햇살
미풍에 불어오는 은은한 향기
드뷔시 달빛의 피아노 소리.

공간을 채우는 이러한 이미지들은
긍정적인 에너지와 밝음으로
마음을 가꾸고
신선한 재료로 만든 한 끼의 음식은 몸을 챙기고
우리 삶에서 이러한 마음과 몸의 안온한 상태가 균형을 만들어간다고 생각해요.

요리가 몸을 챙기는 행위라면
일상에서 그때그때 떠오르는 생각과 느낌을 글로 쓰는
오늘 하루 무겁지 않게, 가볍지 않게
단상을 나누는 시간은
마음을 가꾸는 행위라고 생각돼요.

'Tasty & Balanced cooking'을 통해
단순히 허기를 때우는 한 끼가 아닌
하루하루를 들여다보고 스타일링하며
몸을 챙기고 마음을 가꾸며 삶의 균형점을 찾아가는 과정을
여러분과 공유하고 싶어요.

CONTENTS

Prologue

Caring for your Body I

4 CONDIMENTI

ROASTED VEGETABLES

Caring for your Mind I

오늘 하루, 무겁지 않게

Caring for your Body II

PASTA

SANDWICH

Caring for your Mind II

오늘 하루, 가볍지 않게

Epilogue

일러두기

- 이 책에 수록된 요리 레시피는 2인 기준입니다.
- 계량시 1컵은 200ml, 1큰술은 15m기준으로 가정용 밥숟가락을 1큰술로 사용하셔도 무방합니다.
- 소금 계량에서 '살짝', '조금'의 정도는 엄지와 검지로 집었을 때의 양을 말하며 후추의 경우는 그라인더로 2-3번 갈았을 때의 양입니다.
- 이 책에서 파스타 요리에 사용한 물의 양은 2리터에 소금 1작은술입니다.
- 음식을 담을 땐 그릇 중앙으로 볼륨있게 담아 여백이 느껴지게 하면 음식이 더 돋보입니다. 테이블세팅에 어려움을 느끼신다면 처음에는 우유빛깔의 문양이 없는 앞접시 4-6개와 전채요리나 메인요리로 이용할 큰 접시 2개 정도를 구비하셔서 조합해 활용하시면 통일감 있고 음식 자체의 색감을 살릴 수 있어 훨씬 근사한 테이블세팅을 할 수 있습니다.

Caring for your Body I

4 condimenti에서
요리의 맛을 내는 핵심 요소인 4가지 향신료
제가 주로 사용하는 제품들이에요!

냉압착 방식으로 만들어진 산도 0.16%의 DOP 인증을 받은 이탈리아 사르데냐 섬의
사르데냐 DOP 올리브오일

프랑스 게랑드 지방의 천일염으로 유명한 브랜드 르빨루디에의
플뢰르 드 셀 소금

캄보디아 캄폿지방에서 생산되는 풍부한 향과
알싸한 맛의 키럼의 캄폿 후추

이탈리아 모데나 지역의 전통방식 발사믹식초의 명가 레오나르디의
화이트 발사믹 식초

4 CONDIMENTI

condimenti

이탈리아 제품 라벨에서 종종 condimento라는 용어를 발견하곤 하는데요, 직역을 하자면 조미료, 향신료, 양념이라는 뜻이에요. 요리에 맛을 낼 때 가장 기본적인 소금, 후추, 발사믹 식초, 올리브오일, 이 4가지 기본 향신료만 요리에 사용해도 맛의 풍미를 느낄 수가 있죠. 특히 샐러드에 이 4가지 조합을 사용하면 빠르고 쉽고 간단한지만 근사한 한끼로 만들 수가 있어요.

CHERRY TOMATO BOCOCCINI SALAD

방울토마토 보코치니 샐러드

ingredient	cook+ ing

컬러 방울토마토 10알
보코치니치즈 20알
레몬 1/2개
바질잎 약간
썬드라이드 토마토 4개
 	
드레싱
-화이트 발사믹식초 2큰술
  올리브오일 2큰술
  소금, 후추 약간
	part 1
	컬러 방울토마토는 반을 잘라주고 레몬은 슬라이스한 후 6등분으로 잘라주세요.
	
	part 2
	올리브오일, 화이트 발사믹식초, 소금, 후추를 섞어 드레싱을 만들어주세요.
	
	part 3
	접시에 컬러 방울토마토를 담고 보코치니치즈를 번갈아 담고 사이사이에 레몬 조각을 꽂아주세요.
	
	part 4
	바질잎과 썬드라이드 토마토를 잘라 듬성듬성 올려준 후 드레싱을 뿌려주세요.

WHOLE GREEN BEAN ROCKET SALAD

그린빈 루꼴라 샐러드

ingredient	cook+ ing
냉동 그린빈 10개 냉동 완두콩 3큰술 피클 5개 레몬 1/2개 루꼴라 20g 드레싱 -화이트 발사믹식초 2큰술 올리브오일 2큰술 소금, 후추 약간	**part 1** 팬에 올리브오일 1큰술을 두르고 냉동 그린빈과 완두콩을 소금, 후추로 간해서 볶아주세요. **part 2** 레몬은 슬라이스해서 6등분으로 잘라주세요. **part 3** 화이트 발사믹식초와 올리브오일, 소금, 후추를 섞어 드레싱을 만들어주세요. **part 4** 접시에 루꼴라를 깔아주고 완두콩과 그린빈을 듬성듬성 올리고 사이사이에 피클과 레몬조각으로 장식한 후 드레싱을 뿌려주세요.

SHIITAKE MUSHROOM SALAD

표고버섯 샐러드

ingredient	cook+ ing
표고버섯 10개 (올리브오일 2큰술, 물 1큰술) 루꼴라 20g 소금, 후추 약간 발사믹 글레이즈 1큰술 올리브오일 3큰술 파마산치즈 1큰술 레드페퍼(선택사항)	**part 1** 표고버섯은 밑둥을 제거하고 슬라이스해서 중강불로 올리브오일 2큰술을 넣어 볶아주세요. **part 2** 1의 팬에 물 1큰술을 첨가해 표고버섯을 충분히 볶아준 후 소금, 후추로 밑간해 주세요. **part 3** 접시에 루꼴라를 깔아주고 볶은 표고버섯을 올린 후 발사믹 글레이즈를 뿌리고 올리브오일 3큰술을 뿌려주세요. **part 4** 마지막으로 파마산치즈를 강판에 갈아 준 후 레드페퍼와 함께 장식해 주세요.

PAPRIKA ORZO SALAD

파프리카 오르조 샐러드

ingredient	cook+ ing
오르조 파스타 1/2컵 파프리카 (빨강, 주황, 노랑 1개씩) 올리브오일 2큰술 소금, 후추 약간 냉동 완두콩 1/2컵 드레싱 -올리브오일 2큰술 레몬즙 1큰술 화이트 발사믹식초 1큰술 소금, 후추 약간	**part 1** 끓는 물에 오르조 파스타를 10분간 삶아준 후 찬물에 헹궈 체에 받쳐 물기를 빼주세요. **part 2** 빨강, 주황, 노랑 파프리카는 반을 잘라 씨와 심을 제거해 주세요. 파프리카 반개는 잘게 다져주고 나머지 반개는 자르지 않고 그대로 소금, 후추, 올리브오일 2큰술을 부려 180도로 예열한 오븐에서 20분간 구워주세요. **part 3** 팬에 올리브오일 1큰술을 두르고 냉동 완두콩을 소금, 후추로 간해서 볶아주세요. **part 4** 삶은 오르조와 다진 파프리카, 볶은 완두콩을 볼에 담아 화이트 발사믹식초, 레몬즙, 소금, 후추로 밑간하고 올리브오일에 버무려 2의 파프리카에 담아주세요.

CARROT ORANGE SALAD

당근 오렌지 샐러드

ingredient	cook+ ing
당근 1개 오렌지 1개 오렌지껍질 1큰술 드레싱 -화이트 발사믹식초 2큰술 　올리브오일 2큰술 　소금, 후추 약간 　애플민트 약간	part 1 당근은 껍질을 벗겨 채칼로 채 썰어주세요. part 2 오렌지는 깨끗이 씻어 껍질 부분을 강판에 갈아주고 과육부분만 잘라 슬라이스해 주세요. part 3 분량의 드레싱에 채썬 당근을 10분 정도 재워서 접시에 담은 후 오렌지 과육을 올려주고 갈아놓은 껍질과 민트 잎으로 장식해 주세요. tip 샐러드에서 붉은 색감과 초록 색감의 대비는 식욕을 불러일으키죠. 꼭 민트가 아니더라도 집에 있는 초록 잎이 있다면 장식해 주세요.

BOK CHOY TOMATO SALAD

청경채 토마토 샐러드

ingredient	cook+ ing
청경채 5개 -오일 1큰술 토마토 2개 붉은 파프리카 1/2개 완두콩 1큰술 드레싱 -화이트 발사믹식초 2큰술 올리브오일 2큰술 소금, 후추 약간	part 1 청경채는 끓는 물에 오일 1큰술을 넣어 데쳐주면 코팅이 되면서 선명한 초록색으로 색감을 유지할 수 있어요. part 2 토마토는 슬라이스해 주고 데친 청경채는 반을 자르고 파프리카는 다져주세요. part 3 완두콩은 올리브오일을 두르고 소금, 후추로 살짝 간하여 볶아주세요. part 4 접시에 토마토를 원형으로 둘러주고 안쪽으로는 다진 파프리카를 채워주고 밖으로는 청경채를 돌려 담아주세요. 파프리카 위에 볶은 완두콩을 올려준 후 드레싱을 뿌려주세요.

BEET CARROT SALAD

비트 당근 샐러드

ingredient	cook+ ing
비트 1개 당근 1개 시금치 1/2단 드레싱 -발사믹식초 2큰술 　올리브오일 2큰술 　소금, 후추 약간	**part 1** 비트와 당근은 껍질을 벗겨 한입 크기로 자르고 소금, 후추를 살짝 뿌려 올리브오일 2큰술로 버무려 180도로 예열한 오븐에서 30분간 구워주세요. **part 2** 팬에 시금치는 올리브오일 1큰술을 넣어 소금, 후추로 간하여 살짝 볶아주세요. **part 3** 접시에 볶은 시금치를 깔고 1의 구운 비트와 당근을 담아 드레싱을 부려주세요.

EGGPLANT SALAD

가지 샐러드

ingredient	cook+ ing
가지 2개 붉은 파프리카 1/2개 노랑 파프리카 1/2개 야채 1컵 발사믹펄(선택사항) 드레싱 –올리브오일 4큰술 　화이트 발사믹식초 2큰술 　소금, 후추 약간	part 1 가지는 길이로 반을 잘라 벌집모양으로 칼집을 내어 소금, 후추를 살짝 뿌려 올리브오일을 골고루 발라 180도로 예열한 오븐에서 20분간 구워주세요. part 2 파프리카는 꼭지와 씨를 제거해서 잘게 다져주세요. part 3 접시에 야채를 깔고, 가지를 부채꼴 모양으로 담은 가지 중앙에는 다진 파프리카와 발사믹펄을 장식한 후 드레싱을 뿌려주세요.

WHITE WOOD EAR MUSHROOM
CUCUMBER SALAD

백목이버섯 오이 샐러드

ingredient	cook+ ing
오이 1개 미역줄기 200g 백목이버섯 1/2개 드레싱 -화이트 발사믹식초 4큰술 올리브오일 4큰술 소금, 후추 약간	part 1 염장된 미역줄기는 물에 20-30분간 담궈 소금기를 빼주세요. part 2 오이는 양옆으로 긴 젓가락을 놓고 그 사이에 오이를 올려 윗면은 일자로 칼집을 촘촘히 내고 뒤집어서 비스듬하게 칼집을 촘촘히 내어, 늘어뜨렸을 때 아코디언 모양이 되게 만들어주세요. part 3 백목이버섯은 5분간 물에 불린 후 밑둥을 잘라주세요. part 4 화이트 발사믹식초, 올리브오일, 소금, 후추를 잘 섞어 미역줄기, 오이, 백목이버섯을 10분간 재워두세요. part 5 그릇 중앙에 미역줄기를 담고 그 주위에 오이를 동그랗게 똬리를 만들어준 후 중앙에 백목이버섯을 올려주세요. tip 상큼하고 아삭한 백목이버섯 오이 샐러드는 간이 강한 메인요리와 함께 곁들이시면 더욱 맛있는 조합이 되어요.

FIG BURRATA CHEESE SALAD

무화과 부라타치즈 샐러드

ingredient	cook+ ing
무화과 5개 부라타치즈 1개 건무화과 2개 꿀 2큰술 블루베리 2큰술 쏘렐잎 5장	**part 1** 무화과는 흐르는 물에 씻어 물기를 제거하고 4등분을 해주세요. **part 2** 건무화과는 잘게 다져 꿀과 함께 섞어주세요. **part 3** 접시 테두리를 따라서 무화과를 돌려 담은 후, 그 사이사이에 다시 무화과를 돌려 담고 부라타치즈는 중앙에 담아주세요. 블루베리와 쏘렐잎으로 장식해 주세요. **part 4** 드레싱을 뿌려준 후 2의 건무화과 꿀을 재료들 사이사이에 뿌려주세요.

ROASTED VEGETABLES
roasted vegetables

저는 채식주의는 아니지만 점점 채식의 이로움을 몸으로 느끼고 있어요.
생식도 좋지만 뭔가 색다르게 먹고 싶을 때, 복잡한 조리과정이 귀찮을 때, 이
것저것 냉장고에서 방치되어 있던 야채들을 모두 모아 소금, 후추 톡톡 올리브
오일을 버무려 구워주기만 하면, 말라있던 재료들이 맛있고 근사한 한끼로 재
탄생되죠!

ROASTED KOHLRABI

콜라비 구이

ingredient	cook+ ing
콜라비 1개 삶은 병아리콩 3큰술 냉동 완두콩 3큰술 케이준시즈닝 1큰술 파슬리 가루 1작은술 올리브오일 4큰술 소금, 후추 약간 레드페퍼 1작은술	**part 1** 콜라비는 측면으로 잘라 4등분을 하고 케이준 시즈닝과 파슬리, 소금, 후추, 올리브오일을 섞어 콜라비의 앞뒷면에 골고루 발라주고 180도로 예열한 오븐에서 앞뒷면을 20분씩 구워 40분간 구워주세요. **part 2** 냉동 완두콩은 팬에 올리브오일을 두르고 소금, 후추를 뿌려 볶아주세요. **part 3** 접시에 구운 콜라비를 올리고 삶은 병아리콩과 볶은 완두콩을 올리고 레드페퍼를 뿌려주세요. tip 병아리콩 2컵을 2시간 이상 물에 불려 30분간 삶아주세요. 식혀서 소분 포장하여 냉동보관으로 필요할 때마다 사용해 주세요.

ROASTED CABBAGE

양배추 구이

ingredient	cook+ ing
양배추 1/2통 올리브오일 3큰술 소금, 후추 약간 빵가루 2큰술 파프리카가루 1작은술 크러시드페퍼 1작은술 그린빈 10개 초록색 야채 10장	**part1** 양배추는 1.5cm의 두께로 잘라 앞뒷면으로 소금, 후추, 파프리카가루를 뿌려 올리브오일을 바르고 180도로 예열한 오븐에서 20분간 구워주세요. **part2** 팬에 올리브오일을 두르고 그린빈을 소금, 후추로 간해서 볶아주세요. **part3** 초록색 야채를 채썰어 2의 그린빈이 거의 익어갈 때 남은 열기로 살짝 볶아주세요. **part4** 3의 볶은 그린빈과 초록색 야채를 따로 담아내고 3의 팬에 빵가루를 노릇하게 볶아주세요. **part5** 접시에 구운 양배추를 올리고 볶은 빵가루를 뿌려주고 볶은 그린빈과 초록색 야채를 양배추 위에 올리고 올리브오일을 뿌린 후 크러시드페퍼를 뿌려주세요. tip 냉장고 야채칸에는 꼭 시들한 초록색 야채들이 있죠. 그럴 때는 잘게 썰어 소금, 후추로 살짝 간해서 올리브오일에 볶아 메인 요리에 가니시로 곁들여 주면, 색감도 살려주고 죽은 야채들도 다시 재탄생하게 된답니다.

ROASTED GARLIC

마늘 구이

ingredient	cook+ ing
통마늘 20개 앤초비 2개 파마산치즈 2큰술 크러시드페퍼 1작은술 올리브오일 4큰술 로즈마리 약간	**part 1** 에스카르고 그릇에 통마늘 1-2개씩을 넣고 앤초비를 작게 잘라 넣고 후추와 크러시드 페퍼를 뿌려주세요. **part 2** 올리브오일을 넣어 파마산치즈를 갈아 180도로 예열된 오븐에서 20분간 구워 로즈마리로 장식해 주세요. tip 이 마늘 구이는 마늘 전문 레스토랑이 오픈했던 2000년대에 제가 가장 좋아했던 메뉴인데요, 에스카르고 그릇에 마늘을 쏙쏙 넣고 올리브오일을 부려 오븐에서 구워주기만 하면 완성이에요. 에스카르고 전용 그릇이 없더라도 오븐용 내열 용기에 담아 구운 후 바게트와 곁들여 드셔도 별미랍니다.

ROASTED MINI CARROT

미니당근 구이

ingredient	cook+ ing
미니당근 10개 올리브오일 4큰술 홀그레인머스터드 1큰술 화이트 발사믹식초 1큰술 꿀 1작은술	**part 1** 미니 당근은 껍질을 칼로 긁어내어 잎을 제거한 후 소금, 후추, 올리브오일을 뿌리고, 180도로 예열한 오븐에서 20분간 구워주세요. **part 2** 올리브오일, 홀그레인머스터드, 화이트 발사믹식초, 꿀을 섞어 드레싱을 만들어주세요. **part 3** 접시에 구운 당근을 일렬로 펼쳐 담고 미니당근 줄기잎으로 장식해 주고 드레싱을 뿌려주세요. tip 음식은 먹는 맛만큼 보는 맛도 중요하죠. 미니당근은 9월경에 판매가 많이 되는데요, 싱싱한 줄기가 있는 것으로 구매해, 당근 뿌리는 구워주고 플레이팅할 때 줄기를 함께 장식해 주면 구운 주황색 당근과 싱싱한 초록 잎의 조화가 기분까지 좋아져요.

ROASTED CAULIFLOWER

컬리플라워 구이

ingredient	cook+ ing

컬리플라워 1통
(올리브오일 2큰술, 소금,후추 약간)
시금치 1/2단
다진마늘 1큰술

시금치 소스
-버터 1큰술
 화이트와인 2큰술
 생크림 2큰술
 닭육수 1/4컵
 밀가루 1큰술
 레몬즙 2큰술
 소금 2꼬집
 파마산 치즈가루 1큰술

part 1
컬리플라워는 거꾸로 뒤집어 물에 푹 잠길 정도로 30분 정도
담가주세요. 냄비의 반 정도 물을 부어 끓여 컬리플라워를 담
아 뚜껑을 덮고 5분 정도 쪄 준 후 물기를 빼주세요. 180도로
예열한 오븐에서 소금, 후추 약간에 올리브오일 2큰술을 뿌려
20분간 윗면이 살짝 그을 정도로 구워주세요.

part 2
시금치 소스는 팬에 버터 1큰술을 두르고 다진 마늘 1큰술을
넣어 약불에서 타지 않게 볶아주세요. 시금치 1/2단을 넣어
센불에서 볶아주고 화이트와인 2큰술과 생크림 2큰술, 닭육
수 1/4컵, 밀가루 1큰술을 넣어 잘 섞어주세요.

part 3
2의 재료를 한 김 식힌 후, 믹서에 갈아 다시 팬에 부어 레몬즙
2큰술, 소금 2꼬집, 파마산 치즈가루 1큰술을 섞어 약불에서
2분 정도 볶아서 사용해 주세요.

part 4
그릇에 시금치 소스를 펴 바르고 중앙에 컬리플라워를 올려주
세요.

tip
시금치 소스는 약간 거칠게 갈아 식감을 살려주세요.
시금치 소스는 스테이크와의 조합도 너무 좋답니다.

ROASTED CARROT APPLE

당근 사과 구이

ingredient	cook+ ing
당근 2개 사과 2개 오렌지 1개 올리브오일 2큰술 소금, 후추 약간 드레싱 -올리브오일 2큰술 　화이트 발사믹 식초 2큰술 　소금, 후추 약간	**part 1** 당근은 필러로 넓적하게 채를 썰어 올리브오일에 버무려 소금, 후추를 뿌려주고 사과는 깨끗이 씻어 껍질째 8등분을 하고 180도로 예열한 오븐에서 30분 이상 구워 수분기를 날려주세요. **part 2** 오렌지는 깨끗이 씻어 껍질을 벗겨 채를 썰어 주고 과육은 슬라이스해 주세요. **part 3** 접시에 구운 당근과 사과를 듬성듬성 올리고 오렌지껍질을 흩뿌려주고 슬라이스한 오렌지를 올려주세요. **part 4** 분량의 드레싱을 섞어 먹기 직전 뿌려주세요. tip 냉장고 한 귀퉁이에 시들어가는 야채들과 과일들이 쌓여있을 때가 있죠. 이럴 때 오븐구이로 해주면 새로운 요리로 업그레이드되죠. 특히 구운 당근과 사과의 단맛이 올라오고 오렌지 필의 은은한 향이 느껴져 식전 요리로 입맛을 돋우기 좋아요.

ROASTED TOMATO

토마토 구이

ingredient	cook+ ing
방울토마토 20알 토마토 2개 소금, 후추 약간 올리브오일 4큰술 루꼴라 20g	**part 1** 토마토는 측면으로 4-5등분으로 슬라이스해 주고 오븐 팬에 겹치지 않게 깔아주세요. 방울토마토와 루꼴라를 중간중간 올려준 후 소금, 후추를 뿌리고 올리브오일에 잘 버무려 180도로 예열한 오븐에서 30분 이상 구워주세요. **part 2** 잘 구워진 토마토에 소금, 후추, 올리브오일을 한 번 더 뿌려 오븐 팬 그대로 서빙해서 바게트나 호밀빵을 곁들여 주세요. **tip** 토마토에 소금, 후추, 올리브오일만 넣어 오븐에 구워주기만 하면 끝! 뭔가 맛있고 부담없는 요리를 먹고 싶을 때 빨갛고 감칠맛 가득한 토마토 구이 꼭 만들어 드셔보세요.

BABA GHANOUSH

바바 가누쉬

ingredient	cook+ ing
가지 4개 참깨 1큰술 마늘 2톨 올리브오일 100ml 소금 1/4 작은술 레몬즙 2큰술 파슬리잎 2줄기	**part 1** 가지는 감자 필러로 껍질을 벗겨 소금, 후추를 뿌려주고 올리브오일 2큰술을 가지에 잘 버무려 180도로 예열한 오븐에서 30분간 구워주세요. **part 2** 한 김 식혀 구운 가지 2개는 참깨 1큰술, 마늘 2톨, 레몬즙 2큰술, 파슬리잎, 소금, 후추를 믹서에 넣고 올리브오일 100ml를 3-4번 나누어 믹서에 넣어 잘 갈아주세요. **part 3** 접시에 2의 바바가누쉬를 부어주고 남은 2개의 구운 가지를 올려주세요. tip 가난한 사람들의 캐비어라 불리는 바바 가누쉬 가지요리는 아랍어로 '바바'(BABA)는 아버지를 '가누쉬'(GHANOUSH)는 응석받이라는 뜻으로 이 소스를 한 번 맛보면 그 맛으로 인해 다른 음식은 거부하게 된다고 하여 붙여진 이름이에요.

ROASTED CHINESE CABBAGE
& ROMESCO SAUCE

알배추 구이와 로메스코 소스

ingredient	cook+ ing
알배추 1/2통 올리브오일 2큰술 로메스코 소스 -완숙 토마토 1개 붉은 파프리카 2개 마늘 2톨 견과류 1컵 (아몬드,캐슈넛,잣 등) 소금 1/4작은술 파프리카 가루 1작은술 레드와인 비네거 1큰술 올리브오일 1/4컵	**part 1** 알배추와 파프리카, 토마토는 깨끗이 씻어 물기를 제거해 주세요. 알배추는 길이로 반을 잘라주고 파프리카는 꼭지와 씨를 제거해 토마토와 함께 4등분한 후 소금, 후추 약간에 올리브오일 2큰술을 뿌려 180도로 예열한 오븐에서 20분간 구워주세요. **part 2** 믹서에 한 김 식힌 파프리카와 토마토를 넣고 마늘, 견과류, 소금, 파프리카 가루를 넣어 올리브오일은 2-3번 나누어 갈아주세요. **part 3** 접시에 로메스코 소스를 펴 바르고 중앙에 알배추 구이를 올려 소금, 후추, 올리브오일 1큰술을 뿌려 마무리해 주세요.

HUMMUS SAUCE

후무스

ingredient	cook+ ing
병아리콩 1컵 소금 1작은술 볶은 참깨 1큰술 마늘 3톨 올리브오일 100ml 큐민가루 1큰술 병아리콩 삶은 물 1컵	part 1 병아리콩은 3시간 이상 충분히 불려주세요.(전날 밤에 불려 놓으면 좋아요) 냄비에 물을 넉넉하게 담고 소금 1큰술을 넣어 20-25분간 삶은 후 불을 끄고 뚜껑을 덮어 5분간 뜸을 들이세요. part 2 믹서에 삶은 병아리콩에 마늘, 볶은 참깨, 큐민가루, 올리브오일을 2-3회 나누어 넣어 갈아주다가 병아리콩 삶은 물을 넣어 농도를 맞추고 마지막으로 소금 간을 해 주세요.

Caring for your Mind I

오늘 하루, 무겁지 않게

엄마의 말

엄마는 늘
말이 씨가 된다고 하셨어요.
엄마는 과시하시는 걸 좋아하셔서
세 딸이 가진 것보다 늘 부풀려 주변에 자랑하셨죠.
어렸을 때는 그게 참 창피하기도 하고 싫기도 했어요.
부족한 걸 알면서도 우리 딸은 잘한다는 엄마의 말은
엄마 자신에게도 우리 아이가 잘되기를 바라는
믿음으로 자리 잡아갔던 거 같아요.
저도 자녀를 키워보니 무조건 자녀 편에 서서
칭찬하고 자랑하는 게 쉬운 일은 아니라는 걸 알게 되었어요.
어느 땐 엄마의 과장된 칭찬을 사실로 만들고 싶었던 마음도 생겨
열심히 뭔가를 하기도 했던 거 같아요.
결심했을 때 나에게 하는 선포처럼
말로 표현하게 되면
스스로에 대한 믿음이 생겨나는 거 같아요.
아직은 공수표를 남발하고 있지만
말이 씨가 된다.
오늘도 엄마의 말을 되뇌어봅니다.

화를 내는 건 쉬워요

저는 성격이 급하고 감정의 기복도 심한 편이에요.
짜증도 많고요.
단상을 통해 마음을 들여다보는 시간을 갖는 것도
이런 성격을 변화시켜 보려는 노력이기도 해요.
성격을 바꾸는 일은
모든 무의식의 결과값으로 나오는 거라
쉽지 않은 일이라 받아들였어요.
다만 변화는 조금은 느슨한 자기합리화로 의지에 따라 가능하다 싶어요.
순간적인 감정의 틀어짐으로
화를 내는 일은 가장 쉬운 반응이겠죠.
어떤 자극이 왔을 때 바로 반응하지 않고
한 템포 쉬고 대응한다면
감정이 확 올라왔을 때
바로 화를 내는 일이
조금씩
줄어듦을 느끼게 되네요.
반응에서 대응으로
마음을 훈련해 봅니다.

마음의 자리찾기

삶의 비교에서
매일의 마음이 한결같을 순 없겠죠.
항상 좋을 수만도 항상 나쁠 수만도 없죠.
어제의 나쁨이 있었기에 오늘이 덜 나쁠 수 있고
어제의 좋음이 있었기에 오늘이 덜 기쁠 수 있고
어제의 나쁨이 있었기에 오늘이 더 기쁠 수 있고
어제의 좋음이 있었기에 오늘이 더 나쁠 수 있고
그래서
어제의 가라앉음이
어제의 들뜸이
조금씩 자리 찾음을 해가도록
마음을 들여다보고 움직여봅니다.

경로를 이탈했습니다

출발 지점에서 정확한 목적지를 입력하고도
'경로를 이탈했습니다'
안내 음성이 나올 때면
제대로 인식하지 못한 자책과 당황이 혼재되곤 하죠.
길에서의 경로 이탈은 다시
목적지를 찾아갈 수 있겠죠.
그러나
애당초 삶에서는 정확한 출발지도 목적지도 없기에
나의 수많은 선택에 의해
경로 수정이 일어날 수밖에 없죠.
삶의 길은 매번 갈림길에서 멈춰 서고
나중에야 경로 이탈이 일어났음을 인지할 때도 부지기수죠.
그럼에도 다행인 것은
경로 이탈이 되었을지라도
방향을 틀어 반복 수정을 해낼 수 있다는 거겠죠.
삶의 길은 직선도 없고 막다른 길도 없을 테니까요.

삶의 씨실과 날실

운전을 하며 클래식 라디오 프로그램을 틀었다가
한 피아니스트 라이브 연주를 들었어요.
그동안 국제무대에서 여러 수상을 하고
이탈리아 콩쿠르 준우승과 라이징 스타로
선정이 되어 첫 연주회도 가졌다고 해요.
다소 긴장도 많이 해서인지 자연스럽게 대화가 흘러가진 않았지만
음악에 대한 열심이 목소리에서 느껴지는 듯했어요.
유학 시절 생활비를 벌고자 본인이 살고 있는 커뮤니티 시설의
양로원에 계신 분들을 위해 연주를 했다고 해요.
유창하지 않은 영어로 담당자와 소통해야 하는 어려움
그리고 프로그램과 관련된
일들을 스스로 결정해야 했다는 이야기를 들으면서
예술 활동에만 전념해도 부족하고 불안한 가운데
경제활동까지 병행해야만 하는 상황이
참 녹록지 않았겠다 싶었어요.
그렇지만 본인도 당시에는 힘들었지만 양로원에서 연주하며
청중들과 소통하고
콩쿠르 준비를 위한 예비 리허설을 할 수 있어 돌이켜보면
많은 도움이 되었다고 해요.

삶은... 참 알 수 없는 거 같아요.
당시에 처한 힘든 상황이 인생의 다음 단계에서 어떤 이로움으로
나에게 찾아올지 모르니까요.
돌이켜보면 모든 상황은 삶을 위한 경험인 거 같아요.
씨실과 날실이 만나 하나의 천이 만들어지듯이
상황과 상황이 만들어 가는 우연성조차
나의 삶을 위한 것임을 믿고
Everything is happening for me, not to me.
이 문장을 품고
이달의 첫날을 시작해 봅니다.

Caring for your Body II

PASTA

pasta

이탈리아의 대표요리인 파스타는 세몰리나를 반죽하여 만들며 수백 가지의 종류가 있어요. 단순하게 길이에 따라 분류해 보자면, 스파게티부터 링귀니, 페투치니, 부가티니, 마팔디네 등의 롱파스타와 나비모양의 파르팔레, 귀 모양의 오르기에떼, 나사 모양의 푸실리, 소라 모양의 꼰낄리에 등 쇼트 파스타로 나누어 볼 수 있어요.

원재료가 같아도 그 재료를 어떻게 자르냐에 따라, 혀에서 맛보는 식감이 다르게 느껴지죠. 어떤 종류의 파스타를 사용하느냐에 따라, 소스에 따라 조리법에 따라 다양한 맛의 조합을 느껴보세요.

PASTA WITH TOMATO SAUCE

토마토 파스타

ingredient	cook+ ing
부가티니 파스타면 80g 홀토마토 1캔 마늘 2-3톨 소금 1/2작은술 방울토마토 5알 소금 약간 파마산치즈가루 1큰술	part 1 냄비에 홀토마토 1캔과 방울토마토를 넣고 마늘을 다져 넣어 소스가 반으로 줄어들 때까지 졸여주세요. (30-40분) part 2 끓는 물에 소금 1작은술을 넣고, 부가티니 파스타를 포장지에 표기된 시간으로 삶아주세요. part 3 1의 소스에 파스타 삶은 면수 1/2컵과 소금과 파마산치즈를 강판에 갈아 간을 맞춰주세요. part 4 접시에 파스타를 담고, 신선한 올리브유 1큰술을 뿌리고, 파마산치즈를 강판에 갈아주세요. tip 파르미지아노 레지아노, 일명 파마산 치즈라 불리며, 우리에게는 피자 배달에 일회용 치즈 가루로 알려진 가공치즈를 맛보셨을 텐데요. 원래는 이탈리아 북부에 위치한 에밀리아로마냐 주의 레지오 에밀리아와 파르마 지방 일대를 원산지로 하는 경성 치즈의 한 종류예요. 단순하게 만든 토마토소스에 이 파르미지아노 치즈만 강판에 갈아 주어도 풍미가 뛰어나죠. 파르미지아노 대신 상대적으로 가격이 낮은 그라나 파다노, 페코리노, 로마노 치즈로 대체하셔도 좋아요.

CAPELLINI PASTA

카펠리니 파스타

ingredient	cook+ ing
카펠리니면 50g 닭가슴살 1팩 간장 1큰술 화이트 발사믹식초 1큰술 올리브오일 1큰술	part 1 카펠리니면은 끓는 물에 2-3분간 넣어 찬물에 헹궈 체에 받쳐 물기를 빼주세요. part 2 닭가슴살은 슬라이스해 주세요. part 3 간장, 화이트 발사믹식초, 올리브오일 1:1:1로 섞어서 카펠리니면을 잘 버무려 주세요. part 4 그릇에 카펠리니면을 말아서 담아주고 면 주변에 슬라이스한 닭가슴살과 래디쉬로 장식해 주세요.

LEMON OLIVEOIL PASTA

레몬오일 파스타

ingredient	cook+ ing
레몬 1개 리가토니 1컵 레몬오일 1큰술 화이트 발사믹식초 1큰술 소금, 후추 약간	part 1 끓는 물에 소금 1작은술을 넣고 리가토니를 넣어 삶은 후에 체에 밭쳐 물기를 빼주세요. part 2 레몬은 반을 잘라 반은 기름 두르지 않은 팬을 달궈 구워주고 나머지 레몬은 슬라이스해서 조각으로 잘라주세요. part 3 레몬오일과 화이트 발사믹식초를 잘 섞어 리가토니를 버무려주고 소금, 후추로 간을 해 주세요. part 4 접시에 리가토니를 담아주고 구운 레몬과 레몬조각을 중간중간 꽂아 장식해 주세요.

MAFALDINE PASTA WITH
TRUFFLE SAUCE

트러플 마팔디네 파스타

ingredient	cook+ ing
마팔디네 10가닥 다짐육 50g 양파 1/2개 트러플소스 2큰술 생크림 1컵 트러플소금 1/4작은술 트러플오일 1큰술	part 1 마팔디네는 끓는 물에 소금 1작은술을 넣고 10분 정도 삶아주세요. part 2 팬에 올리브오일을 두르고 양파를 다져서 볶다가 다짐육도 첨가해 소금, 후추를 넣어 볶아주세요. part 3 2에 트러플소스와 생크림을 붓고 트러플 소금 1/4작은술을 넣어 삶은 마팔디네를 넣어 버무려주세요. part 4 접시에 면을 먼저 담고 소스를 부어 마무리로 트러플 오일을 뿌려주세요.

MUSSEL WITH PASTA IN CREAM SAUCE

홍합 크림 파스타

ingredient	cook+ ing
홍합 2컵 마늘 3톨 양파 1개 청주 1큰술 푸실리 1/2컵 대파 1대 소금, 후추 약간 크림소스 -생크림 1컵 우유 1컵 치킨스톡 1/4개 베트남고추 7-8개 파마산치즈가루 1큰술	part 1 홍합은 깨끗이 씻어 족사라고 불리는 홍합수염을 제거해 주세요. part 2 볼에 크림소스를 미리 섞어주고 푸실리는 끓는 물에 소금 1/2 큰술을 넣어 12분간 삶아주세요. part 3 팬에 오일을 두르고 저민 마늘, 채 썬 양파, 채 썬 대파를 볶아 향을 내고 손질한 홍합을 강한 불에서 청주를 넣어 알코올 향이 날아가도록 1-2분간 입이 벌어질 때까지 볶아주세요. part 4 3에 크림소스를 넣어 끓이다가 삶은 파스타도 넣어 한소끔 끓여 서빙해주세요. tip 찬바람이 불고 뜨끈한 국물이 생각날 때면 만들게 되는 파스타인데요. 홍합에서 우러나온 육수에 크림의 고소한 맛과 칼칼한 매운맛이 나선형 모양의 푸실리에 배어들어 자꾸 생각나는 맛이에요. 신선도가 중요한 홍합은 입이 벌어지거나 껍데기가 깨진 것은 상태가 좋지 않으니 사용하지 마시고요.

SANDWICH

sandwich

음식 카테고리 중 샌드위치만큼 개인의 취향을 담뿍 담을 수 있는 요리가 또 있을까요?
빵과 들어가는 재료 그리고 소스의 조합에 따라, 나만의 취향으로 여러분만의 시그니처 샌드위치를 만들어 보세요.

FIRENZE STYLE SANDWICH

피렌체 샌드위치

ingredient	cook+ ing
빵 1덩어리 잠봉 2조각 프로슈토 4조각 루꼴라 10g 하바티치즈 2장 (에담, 에멘탈, 고다 등) 트러플소스 3큰술 썬드라이드 토마토 5쪽 올리브오일 1큰술 트러플오일 1큰술(선택사항)	**part 1** 빵은 반을 잘라 양면에 트러플소스를 발라주세요. **part 2** 프로슈토, 하바티치즈, 잠봉, 루꼴라, 썬드라이드 토마토를 순서대로 차곡차곡 올려주세요. **part 3** 올리브오일이나 트러플오일을 부려 나머지 빵을 덮어 먹기 좋은 크기로 2-3등분 해 주세요. **tip** 이 샌드위치는 피렌체 여행 중 현지 파니니 맛집으로 알려진 알안티코 비나이오에서 맛보고 영감을 받아 만들어 본 샌드위치에요. 샤퀴테리의 풍미가 뛰어나 언제나 인기가 많죠. 여기에서 킥은 썬드라이드 토마토가 느끼한 맛을 잡아주니 꼭 사용해 주세요!

AVOCADO SANDWICH

아보카도 샌드위치

ingredient	cook+ ing
미니식빵 1개 아보카도 1/2개 닭가슴살햄 사각통조림 1/2통 아브루가 1큰술 마요네즈 1큰술 스리랏챠 소스 1작은술	**part 1** 식빵이 살짝 얼어 있는 상태에서 식빵 윗면에 칼집을 5-6개 내어 1/2정도 깊이까지 잘라준 후 상온에서 자연 해동을 시켜 주세요. **part 2** 칼집을 낸 빵 사이사이에 마요네즈와 스리랏챠 소스를 섞어 발라주세요. **part 3** 아보카도는 반을 잘라 씨를 비틀어 제거하고 손으로 껍질을 벗겨 슬라이스해 주세요. **part 4** 닭가슴살 햄도 아보카도 두께로 잘라 슬라이스한 햄과 아보카도를 칼집 사이사이에 넣은 후 아브루가를 조금씩 빵 위에 올려주세요. tip 아브루가는 훈제 청어알로 값비싼 캐비어 대용으로 사용하는 식재료인데요. 장식용으로 사용하게 되는 아브루가 같은 재료는 아끼다 보면 유통기한이 지나기 일쑤죠. 이런 재료들은 구입하신 후엔 여러 요리에 활용하면서 빨리 소진해 주세요.

TOMATO BURRATA CHEESE SANDWICH

토마토 부라타 샌드위치

ingredient	cook+ ing
치아바타 1/2개 부라타 치즈 1개 바질잎 4장 방울토마토 5알 후레쉬 모짜렐라 치즈 20g 토마토 페이스트 1큰술 올리브오일 1큰술	part 1 치아바타는 반을 잘라 안쪽에 토마토 페이스트를 바르고 후레쉬 모짜렐라 치즈를 손으로 뜯어 빵 위에 골고루 올려 전자레인지에 20초 정도 치즈를 녹인 후 부라타 치즈를 중앙에 올려주세요. part 2 부라타 치즈 주변에 반을 자른 방울토마토를 돌려 담고 올리브오일을 뿌려 바질잎으로 장식해 주세요.

BRUSCHETTA

부르스게타

ingredient	cook+ ing
빨간 파프리카 1/2개 노란 파프리카 1/2개 오이 1/2개 방울토마토 10알 올리브 5알 올리브오일 4큰술 화이트 발사믹식초 2큰술 소금, 후추 약간 파마산 치즈 1큰술	**part 1** 빵은 1cm 정도의 두께로 썰어 팬에 버터를 두르고 노릇하게 구워주세요. **part 2** 재료들은 큐브로 썰어주고 올리브오일, 화이트 발사믹식초, 소금, 후추를 섞어 드레싱을 만들어 파프리카, 오이와 함께 잘 섞어주세요. **part 3** 빵 위에 2를 올리고 파마산 치즈를 감자 필러로 잘라 올려주세요.

PAN CON TOMATE

판 콘 토마테

ingredient	cook+ ing
빵 1덩어리 방울토마토 20알 마늘 5톨 올리브오일 3큰술 소금, 후추	part 1 오븐 팬에 방울토마토와 마늘을 펼쳐 담아 소금, 후추를 뿌리고 올리브오일 3큰술을 버무려 180도로 예열한 오븐에서 25-30분간 구워주세요. part 2 빵은 길이로 반을 잘라 팬에 노릇하게 구워주세요. part 3 1의 구운 방울토마토와 마늘을 한 김 식혀 믹서에 갈아 소스를 만들어 구운 빵에 발라 서빙할 때 올리브오일을 취향에 맞게 뿌려주세요.

OPEN SANDWICH

오픈 샌드위치

ingredient	cook+ ing
바게트 1/2개 -훈제 연어 2장 　케이퍼 1큰술 　크림치즈 2큰술 -잠봉 4조각 　계란 1개 　마요네즈 1큰술 -방울토마토 5알 　바질잎 3장 　후레쉬 모짜렐라 치즈 1조각 　래디쉬 2알, 토마토 소스 -칵테일 새우 8마리 　다진 마늘 3큰술 　올리브오일 2큰술 -아보카도 1/4개 　완두콩 1큰술 　크림치즈 1큰술 -바나나 1개 　블루베리 2큰술 　꿀 1큰술	part 1 바게트는 슬라이스하고 각각의 오픈 샌드위치를 종류별로 2 개씩 준비해 주세요. part 2 슬라이스한 바게트에 크림치즈를 바르고 훈제 연어를 올려 케이퍼를 올려주세요. part 3 바게트에 마요네즈를 바르고 잠봉을 올리고 삶은 계란을 슬라이스해서 올려주세요. part 4 바게트에 토마토 소스를 바르고 방울토마토를 올리고 모짜렐라를 큐브로 썰어 올리고 바질잎과 래디쉬를 슬라이스해서 장식해 주세요. part 5 팬에 올리브오일을 두르고 다진 마늘을 볶다가 칵테일 새우를 넣어 소금, 후추로 간하여 볶아주세요. 바게트에 올리브오일로 볶은 마늘과 함께 칵테일 새우를 4개씩 올려주세요. part 6 바게트에 크림치즈를 바르고, 슬라이스한 아보카도와 볶은 완두콩을 올려주세요. part 7 바게트에 슬라이스한 바나나와 블루베리를 올리고 꿀을 뿌려주세요.

Caring for your Mind II

오늘 하루, 가볍지 않게

구슬이 서 말

'구슬이 서 말이어도 꿰어야 보배다'
오랫동안 제 마음을 들여다보게 한 속담이었어요.
무언가를 계속 머뭇거리는 저를 보면서
왜 나는 행동으로 연결하기까지가 이다지도 어려울까.
작은 목걸이를 여러 개 만들면서 크기를 조금씩
늘려가도 되었을 텐데...
늘 주변인들을 기준으로 비교만 하다 보니
제 삶에서
크고 아름다운 단 하나의 목걸이만이
가치 있는 완성이라고 생각해 온 거 같아요.
삶의 기준을 나로 다시 세팅하며
이제는
나 자신이 쉽게 시작할 수 있는
행동 구슬들을 모아
이 모양 저 모양으로
저만의 목걸이들을 꿰어보려 합니다.

관계

내 마음 그렇게 느낄 수 있어...
당신도 그렇게 행동할 수 있어...
나도
당신도
그럴 수 있어...
예전엔 그런 마음이 드는 내 마음이 자책도 되었지만
미워하는 마음이 생기면 생기는 대로
그 마음을 가만히 들여다보고
그런 마음을 느끼는 나를 인정하고 다독이다 보면
고요해지고 사라져가는 걸 느껴요.

감정 튜닝

라디오를 좋아하는 주파수로 튜닝하다가
왔다 갔다 하는 저의 마음도
라디오 채널 찾기처럼
튜닝을 할 수 있으면 좋지 않을까하는 생각을 합니다.
기분이 가라앉거나 무기력해지려는 마음을
저의 컴포트 존까지 튜닝하기 위해서는
좋아하는 것들로 환경을 만들어주려고 해요.
공간을 채우는 걸 좋아해요.
음악으로
조명으로
향기로
이렇게 좋아하는 걸 하나씩 채워주다 보면
제 마음이 안정감을 느끼고
중심으로 돌아오는 걸 느끼게 돼요.
수치로 표현되는 튜닝이
감정과 양립되는 것이 모순적이거나
매번 감정 튜닝이 딱 맞아떨어지지도 않겠지만
기분의 기복을 그대로 방치하지 않고
나의 상태를
세심하게 들여다보며
감정 단계를 조율해 나가는 일은
나를 잘 데리고 사는 중요한 일이라고 생각해요.

자문자답

몇 달 전
마음이 답답하고
방향성이 보이지 않을 때 흰 노트에 쓰기 시작했어요.
그리고 저에게 물었죠.
뭘 좋아하는지
왜 좋아하는지
그리고 그게 어떤 의미인지
그렇게 저에게 질문을 던지고 답을 해나가는 과정이 생각보다
저에게 치유의 시간이 되었어요.
생각으로 머릿속에서 썼다 지웠다의 과정보다
종이에 생각을 썼다 지웠다의 과정은
사뭇 달랐어요.
적어도 내가 무얼 좋아하는지는 알고 살아야 하지 않겠느냐는 생각을 해요.
어떻게 좋아하는 것만 하고 살 수 있냐고 생각하는 사람과
좋아하는 것을 하며 살아야 하지 않겠느냐고 생각하는 사람과는
분명히 삶의 방향성이 다를 거라 믿고 싶어요.

친구

지난주
오랜만에 한동안 보지 못한 친구들 6명을 각각 만났어요.
만난다는 것에 의의를 두고 30분만 본 친구도 있고
약속 날짜를 착각해서 중간에 만난 친구의
넓은 마음으로 밥만 먹고 짧은 얘기를 나누다가
착각한 약속에 합류해 만남을 이어 나가기도 했고
아침부터 조용한 카페에서 소곤소곤 몇 시간을 얘기하며 보내기도 하고
집으로 초대해 오랜만에 만나 묵혀두었던 근황을 나누기도 했어요.
아쉽게 만나지 못한 친구도 있었고요.
제 친구들은 참 다채로워요.
봉오리였을 때 만난 친구들은
시간이 쌓여 각기 다른 꽃들로 피어났어요.
어느 시기를 지나면
우리는 서로에게
'너 변했어'
라는 말을 하거나 하지 못하더라도
느끼게 되는 순간들이 있죠.
물 흐르듯이 무난하게 관계가
유지되지는 않았어요.
그러한 관계로 무르익기까지는
서로에게 느슨한 사이로
조금은 떨어져 있기도 하고
서운해하기도 하고
먼저 연락하면 손해 보는 느낌이 들기도 했죠.

학창 시절에는 서로 같은 공간과 같은 시간에
머무르기에 서로의 차이를
실감하지 못하고 지냈던 거 같아요.
하지만 조금 더 들어가 보면
친구도 나도
여러 삶의 과정을 거쳐
각자의 다움으로 성숙해지는 과정이 아니었을까 싶어요.
환경과 성격의 차이가
다름이지 틀림이 아니듯이
우리는 서로에게 시간을 내어주고
만나고
생각을 나누고
서로의 공통점과 차이를 받아들이며
구구절절 설명하지 않아도
서로를 배려하고
이해해 주는 관계로
발전해 나간 거 같아요.
같음은 친밀감을
다름을 인정하면
관계의 성숙단계로 진입한다고 해요.
모든 꽃은 모두 아름답듯이
봉오리에서 꽃들로 피어난 아름다운 친구들에게
고마움과 감사함을 표하고 싶은 시간이었어요.

몸을 챙기고 마음을 가꾸는 시간

2024년은 저에게 많은 기회와 다양한 경험의 시간이었어요.
특히 가로수길의 멋진 공간 더쇼룸 the showroom에서
이 책의 제목이기도 한
더쇼룸 클래스 'Tasty & Balanced cooking'을 통해서
몸을 챙기고 마음을 가꾸며 삶의 균형을 찾아가는 시간을
현실화할 수 있어 무엇보다 감사한 시간이었어요.

2024년의 이러한 기회가 있기까지는
2021년 5월부터 인스타그램을 통해
한 주마다 3개의 요리 피드를 한 달씩 주제를 정해 올리고
12달의 주제가 모여 저만의 월간 FOODMCOOK이 만들어졌고
월간 FOODMCOOK을 만들기까지는
그 이전의 20여 년간 문화센터에서 강의 경험이 있었고
그리고 문화센터에서 강의를 하기 이전에는 지인들을 위한
홈쿠킹클래스가 있었죠.
이렇게 역순으로 되짚어 보니 모든 과정의 단계들이
저를 훈련하고 성장시킨 시간이었네요.
물론 중간중간 때로는 짧게 때로는 긴 시간 동안
자신감이 무너지고 무기력해지는 시간이 반복하며 찾아왔어요.
단상을 나누는 시간 '삶의 씨실과 날실'에서도 언급했지만
가로의 시간과 세로의 시간이 만들어내는 결과물들은
결국 이전에 '나'가 해온 일들이
예상하지 못한 시간에
선물같은 일들을 만들어 낸다고 생각해요.

2024년 4월부터 매달 브런치와 디너 클래스에서 선보인
지중해 요리를 베이스로 한
밀라노 아페리티보, 스페인 핀쵸스, 프랑스 가정식 요리에서부터
동남아 요리와 한식 주안상 콘셉트까지
새로운 분위기와 새로운 분들과 매회 즐거운 수업을 하면서
긍정의 에너지를 주고받으며 배우고 느끼는 성장의 과정이었어요.

초대 요리를 참으로 좋아하는 저에게는 클래스를 통해
그달의 콘셉트를 잡고 콘셉트에 맞는 음식 순서와 음료를 페어링하는 일은
긴장이 되기도 했지만
그보다는 설레고 즐거운 일이었어요.
삶의 많은 부분들이 점점 더 비대면 온라인을 통해 이루어지고 있지만
음식만큼은 한 공간에 모여 맛을 나누고 온기를 나누는 시간이라고 생각해요.
'밥 한번 먹자'라는 말은 여전히
'내가 너와 기꺼이 시간을 보내고 마음을 나누고 싶다'라는 표현일 테니까요.

함께, 여기, 지금을
나누고 맛보시길 바라봅니다.

Epilogue

긴 시간 동안의 바람이었어요, 제 요리책을 출간한다는 건.

그렇지만 긴 시간 동안의 바람과는 달리 갖가지 변명을 하며
요리책 준비를 미뤄왔어요.
사람에게는 때가 있는 거 같아요. 더 이상 저 자신에게 변명하며
도망갈 궁리만 해서는 안 되겠다는 때가 왔어요.
그리고 이번에는 기회를 놓치지 말자고 다짐하며
이렇게 에필로그를 작성하고 있습니다.

어떤 결과가 보이지도 않고
남의 떡만 커 보이던 시기, 자존감도 바닥으로 떨어지고
더 이상 굳이 해야 할까 하는 무력감이 느껴지는 그때서야
바닥을 치고 이제는 수면으로 올라올 수 있다는 내면의 힘을 얻게 되는 순간
우리 각자는
각자의 삶에서
각자의 다움으로 살아갈 수 있어요.

나다움을 나답게 받아들여야만
나의 삶을 살아간다고 생각해요.

프롤로그의 시작이
일상을 요리와 함께 스타일링하는
푸드스타일리스트 김민성으로 시작했다면

저의 에필로그의 마침은
몸을 챙기고 마음을 가꾸며 삶의 균형을 찾아가는
라이프스타일리스트 김민성으로 마무리하고 싶습니다.

이 책을 내기까지 저의 인생에서 가장 큰 영향을 주고받으며
삶을 함께 가고 있는 사랑하는 남편 황선준
그리고 이제 각자의 삶에서 보석같이 빛나고 있는
자녀 수민과 지호
말이 씨가 된다며 늘 꿈꾸는 걸 말로 해야한다고 가르쳐주신
우리 엄마 이균자 님과 우리 아빠 김만영 님
늘 부족한데도 잘한다고 칭찬해 주시는
어머니 황경희 님과 아버님 황규철 님
조언과 기댈 곳이 필요할 때 큰 버팀목이 되어주는
나의 두 언니 민정 언니와 민선 언니
매일 새벽마다 몇 시간이고 66명의 가족을 위해 기도하시는
외할머니 정양귀 여사님
유년의 풍성한 추억을 선사해 주신 외갓집 식구들과 사촌들
저의 성장을 도운 꽃봉오리에서 꽃으로 피어난 소중한 친구들
이 책을 만들 수 있게 용기를 북돋아준 박미현 코칭선생님
저에게 멋진 기회를 만들어준 더쇼룸 the showroom의
정선경 이사님과 배소현 매니저님, 김솔 매니저님
좋은 올리브오일을 협찬해 주신 모파스타 이탈리아 조신혜 대표님
그리고 이 책을 저와 함께 만들어간 김현정 편집장님과
아름다운 커버 작업을 해주신 정은혜 작가님
감도좋은 인쇄를 만들어주신 비쥬얼봄의 신길섭 대표님께
진심 어린 감사의 인사를 전하고 싶습니다.

Tasty & Balanced cooking

초판 1쇄 인쇄 2025년 2월 25일

글쓴이 사진 | 김민성   kms6974@hotmail.com
펴낸이 편집 | 김현정   hjkim_319@naver.com
표지 디자인 | 정은혜   dufm3011@naver.com
협찬 | 모파스타 이탈리아   www.mopastaitalia.com
인쇄 | 비쥬얼봄   www.vivom.kr
               표지 엔젤클로스 버크럼 230g
               내지 문켄프린트 화이트 115g
               면지 뉴칼라 올리브색   128g

펴낸곳 | 온도   ondobooks@naver.com
출판등록 | 제25100-2022-000006호

값 20,000원
ISBN 979-11-990021-1-1